Este diário pertence a:

_____

Desde _____
mês
de _____.
ano

Dados Internacionais de Catalogação na Publicação (CIP) de acordo com ISBD

B236m	Barbieri, Paloma Blanca Alves
	Meu diário mágico de sentimentos / Paloma Blanca Alves Barbieri. - Jandira, SP : Ciranda Cultural, 2022.
	96 p. : 15,80cm x 20,00cm.
	ISBN: 978-65-261-0174-2
	1. Literatura infantil. 2. Diário. 3. Mágica. 4. Diversão. 5. Sentimentos. 6. Escrita. I. Título.
2022-0878	CDD 028.5
	CDU 82-93

Elaborado por Lucio Feitosa - CRB-8/8803

Índice para catálogo sistemático:
1. Literatura infantil 028.5
2. Literatura infantil 82-93

© 2022 Ciranda Cultural Editora e Distribuidora Ltda.
Produção: Ciranda Cultural
Texto: Paloma Blanca Alves Barbieri
Ilustrações © shutterstock Bibadash, Arelix,
Olly Kava, MURRIRA, Qilli e Freepik
Preparação de texto: Karina Barbosa dos Santos
Revisão: Lígia Barros Arata e Angela das Neves
Projeto gráfico e diagramação: Imaginare Studio

1ª Edição em 2022
2ª Impressão em 2024
www.cirandacultural.com.br
Todos os direitos reservados.

sumário

- ☑ QUEM SOU EU 4
- ☐ COMO ESTÁ SE SENTINDO? 5
- ☐ SENTIMENTOS QUE NOS FAZEM BEM! 6
  - Felicidade 8
  - Bondade 14
  - Amizade 20
  - Amor 26
  - Esperança 32
  - Empatia 38
  - Gratidão 44
- ☐ SENTIMENTOS QUE NOS DESAFIAM 50
  - Tristeza 52
  - Raiva 58
  - Medo 64
  - Saudade 70
  - Inveja 76
  - Ansiedade 82
  - Luto 88
  - ☐ MEUS MOMENTOS 94
    - ☐ GRANDES INSPIRAÇÕES 95
    - ☐ QUIZ DOS SENTIMENTOS 96

QUEM SOU EU

Meu nome é:

E me chamam de:

Minha pessoa favorita no mundo:

Nasci em:

Uma data inesquecível para mim:

Amigos e amigas de todas as horas:

O animal de que mais gosto é:

COMO ESTÁ SE SENTINDO?

Olhe para dentro de si e identifique como você está se sentindo hoje. Depois, reflita por que está se sentindo assim. Faça essa reflexão no começo e no fim do dia para descobrir se o sentimento mudou.

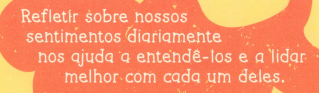

Refletir sobre nossos sentimentos diariamente nos ajuda a entendê-los e a lidar melhor com cada um deles.

Sentimentos que nos fazem bem!

Felicidade

AMIZADE

Bon-
dade

Amor

Esperança

EMPATIA

Gratidão

FELICIDADE

A felicidade é um sentimento extraordinário e contagiante, pois essa emoção não faz bem apenas para quem a sente, mas para todos que estão perto de quem está feliz.

Para despertar esse sentimento dentro do coração, é importante fazer aquilo que nos deixa felizes, como estar na companhia da família, rodeados de amigos ou vivendo uma aventura especial.

"Saber encontrar a alegria na alegria dos outros é o segredo da felicidade."

Georges Bernanos

FALANDO SOBRE A FELICIDADE...

O que me deixa feliz é:

➤ _____
➤ _____
➤ _____
➤ _____

Sentir o amor da minha família por mim...

Sempre que sinto felicidade, eu costumo:

➤ _____
➤ _____
➤ _____
➤ _____

Cantarolar por todos os cantos!

Quando estou feliz, estas sensações tomam conta de mim:

➤ _____
➤ _____
➤ _____
➤ _____

Meu coração fica quentinho.

Meus pais ficam felizes sempre que:

➤ _____
➤ _____
➤ _____
➤ _____

> Eles me veem sorrir!

Para deixar meus amigos felizes, eu costumo:

➤ _____
➤ _____
➤ _____
➤ _____

> Ouvir o que eles têm a dizer.

Músicas que me fazem rir:

➤ _____
➤ _____
➤ _____
➤ _____
➤ _____
➤ _____

Filmes que me fazem rir:

➤ _____
➤ _____
➤ _____
➤ _____
➤ _____
➤ _____

Acontecimentos que me trouxeram grande alegria:

➤ _____
➤ _____
➤ _____
➤ _____

Minha festa de aniversário.

Momentos simples do dia a dia que me trazem felicidade:

➤ _____
➤ _____
➤ _____
➤ _____

Ouvir os pássaros cantarem.

UM DIA MUITO, MUITO FELIZ!

Foto/imagem de um dia feliz que ficou guardado na sua memória.

 Hoje eu estou...

 ☐ Feliz  ☐ Triste   ☐ Com raiva   ☐ Com medo

Querido diário,

_____

_____

_____

_____

_____

_____

_____

_____

_____

_____

BONDADE

A bondade é um sentimento nobre e generoso, que desperta o que há de melhor em cada um de nós.

Quando nutrimos o sentimento da bondade, conseguimos espalhar essa emoção em toda parte e gerar lindas transformações nas pessoas e em outros seres que convivem conosco, como as flores e os animais. Ser bom para nós mesmos e para os outros é o segredo para vivermos sempre em harmonia.

> "O primeiro passo para o bem é não fazer o mal."
>
> Jean-Jacques Rousseau

FALANDO SOBRE A BONDADE...

Para mim, ser bom é:

➤ _____
➤ _____
➤ _____
➤ _____

Cuidar dos animais com carinho.

Ações do bem que eu costumo praticar:

➤ _____
➤ _____
➤ _____
➤ _____

Ajudar com as tarefas de casa.

Quando faço o bem, estas sensações tomam conta de mim:

➤ _____
➤ _____
➤ _____
➤ _____

Meu coração fica em paz.

Atitudes do bem que eu já presenciei:

➢ _____
➢ _____
➢ _____
➢ _____

> Um jovem ajudando um idoso a atravessar a rua.

Atitudes boas para passar adiante:

➢ _____
➢ _____
➢ _____
➢ _____

> Não fazer bullying com as pessoas.

A BONDADE ESTÁ NO AR!

Insira imagens que

Pessoas que são exemplos de bondade para mim:

- _____
- _____
- _____
- _____

Papa Francisco.

Ações boas que eu gostaria de ver no mundo:

- _____
- _____
- _____
- _____

Tolerância entre as pessoas de países diferentes.

representem a bondade

para você!

Hoje eu estou... ☐ Feliz  ☐ Triste  ☐ Com raiva ☐ Com medo

Querido diário,

_____
_____
_____
_____
_____
_____
_____
_____
_____
_____

AMIZADE

A amizade é um sentimento extremamente poderoso, pois representa um laço de carinho, respeito e confiança entre duas ou mais pessoas.

Graças aos amigos, nunca nos sentimos sozinhos, desamparados. É por isso que ter grandes amizades é o mesmo que ser presenteado com um tesouro valioso, que deve ser protegido e guardado com muito amor.

"Amigo é coisa para se guardar do lado esquerdo do peito."

Milton Nascimento

FALANDO SOBRE A AMIZADE...

Para mim, ser um bom amigo é:

➤ _____
➤ _____
➤ _____
➤ _____

Ouvir meu amigo com atenção.

Eu sou um bom amigo porque:

➤ _____
➤ _____
➤ _____
➤ _____

Eu respeito meu amigo do jeito que ele é.

Quando faço novas amizades, estas sensações tomam conta de mim:

➤ _____
➤ _____
➤ _____
➤ _____

Eu sinto empolgação.

MEUS MELHORES AMIGOS!

O que eu mais gosto nele(a):

O que eu mais gosto nele(a):

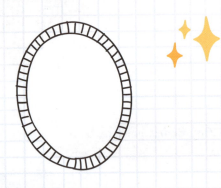

O que eu mais gosto nele(a):

O que eu mais gosto nele(a):

ESPAÇO DOS AMIGOS

Peça para seus amigos ou suas amigas do peito escreverem uma mensagem para você. Assim, você poderá ler e reler sempre que quiser. A amizade é um tesouro!

Hoje eu estou...

 ☐ Feliz
 ☐ Triste
 ☐ Com raiva
 ☐ Com medo

Querido diário,

_____
_____
_____
_____
_____
_____
_____
_____
_____
_____
_____

AMOR

    O amor é um sentimento bom, puro e generoso, além de ser um dos maiores e mais importantes dons que nós recebemos. Há várias formas de sentir amor — pela família, pelos amigos, por nós mesmos — e todas elas nos fazem bem.

    Quando nutrimos essa emoção, mais do que expressá-la em palavras, não há nada melhor do que demonstrá-la por meio de gestos simples e diários. Amor é ação!

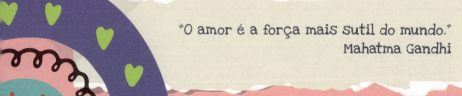

"O amor é a força mais sutil do mundo."
Mahatma Gandhi

FALANDO SOBRE O AMOR...

Amor para mim é:
- _____
- _____
- _____
- _____

Perguntar para alguém se está tudo bem.

Eu sinto que sou amado quando:
- _____
- _____
- _____
- _____

Meus pais brincam comigo todos os dias.

Coisas que amo...

Estar nos braços dos meus pais.

O QUE EU MAIS AMO EM MIM!

Todos nós temos qualidades e características únicas, e é isso que nos torna tão especiais. Agora é o momento de olhar para o seu interior e enxergar tudo o que há de bom. Escreva as 10 qualidades que você mais ama em você!

1. ....
2. ....
3. ....
4. ....
5. ....
6. ....
7. ....
8. ....
9. ....
10. ....

Eu amo minha bondade.

TODOS QUE EU AMO!

Cole neste espaço fotos, imagens ou elementos de todas as pessoas e coisas que têm um lugar especial no seu coração.

Hoje eu estou... ☐ Feliz ☐ Triste  ☐ Com raiva ☐ Com medo

Querido diário,

_____
_____
_____
_____
_____
_____
_____
_____
_____
_____
_____

ESPERANÇA

    A esperança é um sentimento essencial para trazer leveza à nossa vida. Ter esperança é ter a certeza de que, apesar de uma dificuldade ou de uma situação complicada, tudo poderá se resolver. É acreditar que, depois da tempestade, o sol voltará a brilhar.

    Quando sentimos esperança, ficamos mais fortes, confiantes e preparados para lidar com qualquer adversidade da vida.

"A esperança é o sonho do homem acordado."
Aristóteles

EU TENHO ESPERANÇA DE QUE UM DIA...

Não existirá desigualdade no mundo.

- ♥ _____
- ♥ _____
- ♥ _____
- ♥ _____
- ♥ _____
- ♥ _____
- ♥ _____

SÍMBOLO DA ESPERANÇA

Se a esperança pudesse ser tocada, como você representaria esse sentimento? Como uma flor? Um pássaro? Desenhe no espaço abaixo.

Hoje eu estou...

 ☐ Feliz
 ☐ Triste
 ☐ Com raiva
 ☐ Com medo

Querido diário,

EMPATIA

A empatia é um sentimento muito nobre. Essa emoção é despertada quando ouvimos o outro sem julgamentos e quando nos colocamos no lugar dele para entender seus sentimentos. Em outras palavras, é enxergar uma situação pelos olhos de outra pessoa!

Quando somos empáticos, tratamos o outro como nós gostaríamos de ser tratados. Esse é o verdadeiro segredo para vivermos num mundo melhor, justo e harmonioso.

"Ser empático é ver o mundo com os olhos do outro e não ver o nosso mundo refletido nos olhos dele."
Carl Rogers

FALANDO SOBRE A EMPATIA

Descreva 5 atitudes de empatia que você tem ou já teve com o próximo.

> Eu não rio de piadas que ferem meu amigo.

O QUE VOCÊ FARIA SE VISSE...

... alguém chorando?

Eu_____ .

... alguém cair no chão?

Eu_____ .

... alguém sofrendo bullying na escola?

Eu_____ .

... alguém maltratando um animal?

Eu_____ .

... alguém com medo de andar na montanha-russa?

Eu_____ .

ÁRVORE DA EMPATIA

Observe a árvore e complete as folhas com ações que demonstram a empatia para você. Note que algumas folhas já foram preenchidas!

Deixar meu amigo desabafar.

Ficar em silêncio quando o professor estiver falando.

Hoje eu estou... ☐ Feliz  ☐ Triste  ☐ Com raiva   ☐ Com medo

Querido diário,

_____
_____
_____
_____
_____
_____
_____
_____
_____
_____
_____
_____

GRATIDÃO

Sentir gratidão é ter consciência das coisas maravilhosas e boas que nos acontecem no decorrer de cada dia. Muitas vezes, não nos damos conta, mas há inúmeros motivos para sermos gratos, como a chegada de cada dia, a vida de nossos familiares, as refeições que fazemos, os nossos amigos e até mesmo a escola, que é fonte de ensinamentos e aprendizados.

A gratidão é um sentimento poderosíssimo: quanto mais agradecemos, mais nossa visão do mundo se modifica, e isso nos permite enxergar toda beleza que há no mundo.

"A gratidão traz sentido ao passado, paz ao presente e perspectiva para o futuro."
Melody Beattie

FALANDO SOBRE A GRATIDÃO...

Sempre podemos ser gratos! Reflita sobre a sua experiência nos lugares indicados abaixo. Em seguida, complete cada espaço com algo que faz você sentir gratidão.

NA ESCOLA

Eu agradeço...

EM CASA

Eu agradeço...

NO SEU PAÍS

Eu agradeço...

NO MUNDO

Eu agradeço...

POTE DA GRATIDÃO

Para despertar o sentimento da gratidão dentro de você, é importante fazer um exercício diário: refletir e ser grato por algo no fim de cada dia. Observe o pote abaixo e escreva dentro dele, dia após dia, algo pelo qual você gostaria de agradecer.

Para tornar este exercício ainda mais incrível, que tal criar o seu próprio pote da gratidão? Encontre um pote de plástico, ou de outro material que preferir, e personalize-o do seu jeito. Escreva em um pedaço de papel os motivos da sua gratidão e coloque o papel dentro do pote. Lembre-se de escrever um motivo por dia!

Hoje eu estou...

 ☐ Feliz
 ☐ Triste
 ☐ Com raiva
 ☐ Com medo

Querido diário,

_____
_____
_____
_____
_____
_____
_____
_____
_____
_____
_____
_____

Medo

Tristeza

RAIVA

Saudade

Inveja

LUTO

Ansiedade

TRISTEZA

A tristeza é um sentimento que costuma invadir o nosso coração quando alguma situação ou alguém nos machuca de algum jeito. Quando isso acontece, temos vontade de ficar isolados e em silêncio até essa emoção passar.

Para lidar com a tristeza, é importante identificar o que a causou, para assim poder compreendê-la. Quando compartilhamos o que sentimos com pessoas de nossa confiança, também fica mais leve e mais fácil lidar com essa emoção desafiadora!

"E quando eu estiver triste, simplesmente me abrace."

Nando Reis

FALANDO SOBRE A TRISTEZA...

Eu fico triste quando...

➤ _____
➤ _____
➤ _____
➤ _____

Brigam comigo.

Sempre que sinto tristeza, eu reajo assim:

➤ _____
➤ _____
➤ _____
➤ _____

Fico em silêncio.

Quando estou triste, estas sensações tomam conta de mim:

➤ _____
➤ _____
➤ _____
➤ _____

Parece que meu coração dói.

A maior tristeza que já senti foi...

_____
_____
_____
_____

Coisas que faço para afastar a tristeza...

➤ _____
➤ _____
➤ _____
➤ _____

> Falo sobre o que estou sentindo com meus pais.

XÔ, TRISTEZA!

Leia estas superdicas sempre que quiser afastar a tristeza do seu coração.

Olhe-se no espelho e faça uma careta; depois outra e outra. Quando começar a rir, verá que funcionou!

Faça 5 polichinelos. Depois, respire bem fundo 3 vezes. Se a tristeza não passar, repita!

Abrace a si mesmo(a) bem apertado. Em seguida, abrace alguém que está do seu lado.

Dance e requebre pela casa inteira sem se preocupar. Pare quando sentir seu coração leve!

SUA VEZ!

Crie suas próprias dicas para afastar a tristeza!

Hoje eu estou...

 ☐ Feliz
 ☐ Triste
 ☐ Com raiva
 ☐ Com medo

Querido diário,

_____
_____
_____
_____
_____
_____
_____
_____
_____
_____
_____

RAIVA

A raiva é um sentimento com o qual a maioria de nós tem muita dificuldade de lidar, pois costuma aparecer sem avisar e quando menos esperamos. Por essa razão, nem sempre reagimos bem a essa emoção.

Se não aprendermos a identificar e controlar a raiva, podemos acabar ferindo outras pessoas, até mesmo as que mais amamos. Por isso, é importante conhecer esse sentimento e os momentos que podem desencadeá-lo.

"A raiva é um vento que apaga a lâmpada da mente."

Robert Ingersoll

FALANDO SOBRE A RAIVA...

Eu sinto raiva quando...

➤ _____
➤ _____
➤ _____
➤ _____

Dizem "não" para mim.

Sempre que sinto raiva, eu reajo assim:

➤ _____
➤ _____
➤ _____
➤ _____

Sinto vontade de gritar.

Quando estou com raiva, estas sensações tomam conta de mim:

➤ _____
➤ _____
➤ _____
➤ _____

Fico com o corpo quente.

A maior raiva que já senti foi...

_____
_____
_____
_____
_____

Coisas que faço para afastar a raiva...

➤ _____
➤ _____
➤ _____
➤ _____
➤ _____
➤ _____

> Respiro fundo 10 vezes seguidas.

ADEUS, MONSTRO DA RAIVA!

Siga este passo a passo sempre que a raiva surgir.

1- Desenhe um grande rabisco dentro da caixa, deixando sair em cada risco toda a raiva que você está sentindo.

2- Depois, faça olhos, cabelos, braços e pernas no seu rabisco. Este é o monstro da raiva!

3- Agora que o monstro está preso dentro da caixa, ele ficará longe de você.

Dica: para fazer essa dinâmica todas as vezes que quiser, faça o rabisco em uma folha de papel e guarde-o dentro de uma caixa de papelão.

Hoje eu estou...

 ☐ Feliz  ☐ Triste   ☐ Com raiva   ☐ Com medo

Querido diário,

_____
_____
_____
_____
_____
_____
_____
_____
_____
_____
_____
_____

MEDO

Certos momentos ou situações costumam despertar o medo dentro de nós. Alguns medos surgem para nos proteger de certos perigos, como subir numa árvore bem alta, por exemplo. Também existem medos que não são reais e que tentam nos impedir de viver momentos extraordinários.

Quando entendemos esse sentimento dentro de nós, fica mais fácil identificar quais medos devem ser ouvidos e quais devem ser enfrentados!

"A vida é maravilhosa se não temos medo dela."
Charles Chaplin

FALANDO SOBRE O MEDO...

Eu tenho medo de...

➤ _____
➤ _____
➤ _____
➤ _____

Ficar no escuro.

Sempre que sinto medo, eu reajo assim:

➤ _____
➤ _____
➤ _____
➤ _____

Abraço meus pais.

Quando estou com medo, estas sensações tomam conta de mim:

➤ _____
➤ _____
➤ _____
➤ _____

Meu coração dispara.

AFASTANDO O MEDO

Quando temos consciência do quanto somos fortes e corajosos, o medo vai perdendo cada vez mais espaço em nossa mente e em nosso coração. Observe as figuras abaixo e escreva algumas afirmações para afastar o medo.

Eu estou seguro!

Eu sou forte como um super-herói!

Hoje eu estou...

 ☐ Feliz
 ☐ Triste

 ☐ Com raiva
 ☐ Com medo

Querido diário,

_____
_____
_____
_____
_____
_____
_____
_____
_____
_____
_____
_____

SAUDADE

A saudade é um sentimento difícil de entender; às vezes ela dói, outras vezes, faz brotar um sorriso dentro do coração.

Sempre que alguém que amamos já não está perto de nós, a saudade insiste em apertar o nosso peito. Essa emoção também costuma surgir quando recordamos momentos que gostaríamos de reviver, como a primeira viagem em família, o primeiro dia na praia, alguma outra data marcante...

Sentir saudade faz parte da vida, mas é importante permitir que esse sentimento, assim como os demais, possa partir sem nos ferir profundamente.

"A saudade é o que faz as coisas pararem no tempo."

Mario Quintana

FALANDO SOBRE A SAUDADE...

Eu tenho saudade...

- _____
- _____
- _____
- _____

Do meu primeiro animal de estimação.

Sempre que sinto saudade, eu reajo assim:

- _____
- _____
- _____
- _____

Fico mais pensativo.

Quando estou com saudade, estas sensações tomam conta de mim:

- _____
- _____
- _____
- _____

Sinto vontade de chorar...

PARA GUARDAR NA MEMÓRIA E NO CORAÇÃO

Uma das maneiras de lidar com a saudade que sentimos de uma pessoa, um animal ou um momento é relembrá-los com carinho. Afinal, lembrar é reviver! Registre aqui, com fotos, imagens ou o que desejar, pessoas, animais ou momentos dos quais você sente saudade.

Hoje eu estou... ☐ Feliz  ☐ Triste  ☐ Com raiva   ☐ Com medo

Querido diário,

_____

_____

_____

_____

_____

_____

_____

_____

_____

_____

_____

_____

INVEJA

A inveja não é um sentimento nada bom, e costuma ser despertada pela comparação que fazemos entre nós e os outros.

Quando prestamos atenção apenas nas conquistas e nas qualidades das outras pessoas, deixamos de perceber tudo de maravilhoso que temos dentro de nós.

Apesar de não ser um sentimento bom, podemos enxergar a inveja de forma positiva, ou seja, se eu admiro demais as habilidades e qualidades de alguém, posso me espelhar nele ou me motivar pelo seu exemplo.

"Feliz é aquele que vê a felicidade dos outros sem ter inveja.
O Sol é para todos..."

Autor desconhecido

FALANDO SOBRE A INVEJA...

Eu sinto inveja quando...
- _____
- _____
- _____
- _____

Vejo meu amigo fazendo outras amizades.

Sempre que sinto inveja, eu reajo assim:
- _____
- _____
- _____
- _____

Fico zangado.

Quando estou com inveja, estas sensações tomam conta de mim:
- _____
- _____
- _____
- _____

Meu coração fica apertado.

O LADO POSITIVO...

Como você já sabe, é possível usar o monstrinho da inveja a nosso favor. Isso mesmo! Se existe algo ou uma habilidade que você admira no outro e gostaria de ter, basta utilizar esse desejo como incentivo e se dedicar para poder alcançá-lo. Vamos pensar sobre isso?

Habilidade que eu gostaria de ter:
_____
_____

O que fazer para adquiri-la:
_____
_____

Habilidade que eu gostaria de ter:
_____
_____

O que fazer para adquiri-la:
_____
_____

Habilidade que eu gostaria de ter:
_____
_____

O que fazer para adquiri-la:
_____
_____

Habilidade que eu gostaria de ter:
_____
_____

O que fazer para adquiri-la:
_____
_____

MURO DA AUTOESTIMA!

Muitas vezes sentimos inveja do outro porque deixamos de perceber nossas próprias qualidades. Olhe para dentro de você e escreva nos tijolos todas as suas qualidades. A cada tijolo preenchido, mais segurança e consciência você terá do seu potencial.

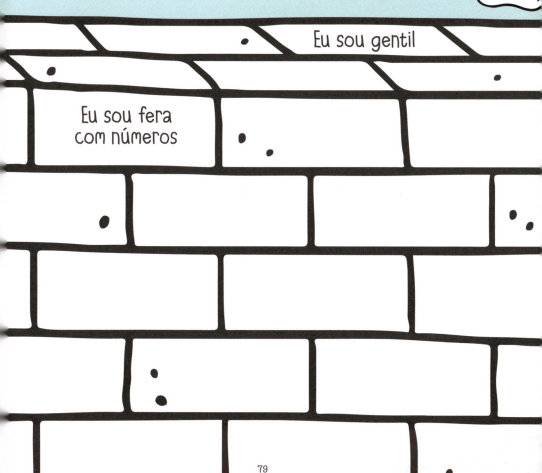

Eu sou gentil

Eu sou fera com números

Hoje eu estou...

 ☐ Feliz  ☐ Triste  ☐ Com raiva   ☐ Com medo

Querido diário,

_____
_____
_____
_____
_____
_____
_____
_____
_____
_____

ANSIEDADE

Assim como a raiva e a tristeza, a ansiedade pode afetar a vida de todos nós. Diversas são as situações que podem desencadear esse sentimento, como o primeiro dia de aula, a mudança de escola, o medo ou a preocupação de que algo aconteça...

É normal sentir ansiedade às vezes, mas é muito importante aprender a lidar com esse sentimento aos poucos: se for muito intensa, a ansiedade pode nos impedir de vivenciar o momento presente.

"A ansiedade e o medo envenenam o corpo e o espírito."

George Bernard Shaw

FALANDO SOBRE A ANSIEDADE...

Eu fico ansioso...

➤ _____
➤ _____
➤ _____
➤ _____

> Quando é dia de prova na escola.

Sempre que sinto ansiedade, eu reajo assim:

➤ _____
➤ _____
➤ _____
➤ _____

> Eu fico nervoso.

Quando estou ansioso, estas sensações tomam conta de mim:

➤ _____
➤ _____
➤ _____
➤ _____

> Minhas mãos tremem.

Coisas que faço para afastar a ansiedade:

-
-
-
-

Ando de bicicleta.

Músicas que me relaxam:

-
-
-
-

-
-
-
-

Pessoas que me acalmam:

-
-
-
-

BONS PENSAMENTOS

Geralmente nos sentimos ansiosos quando um turbilhão de pensamentos negativos e distorcidos fica martelando em nossa cabeça.

Se mudarmos esses pensamentos, podemos afastar a ansiedade de vez. Vamos tentar? Escreva quais pensamentos negativos você costuma ter e transforme-os em pensamentos positivos.

Pensamentos negativos que eu tenho às vezes	Pensamentos transformados em positivos
"E se não gostarem de mim na escola?"	"E se eu fizer muitos amigos na escola?"

Hoje eu estou...

 ☐ Feliz

 ☐ Triste

 ☐ Com raiva

 ☐ Com medo

Querido diário,

_____

_____

_____

_____

_____

_____

_____

_____

_____

_____

_____

_____

Luto

O luto é aquele sentimento que toma conta de nós depois do falecimento de alguém que amamos. Em momentos assim, diversas emoções podem tomar conta do nosso coração, como tristeza, angústia, raiva...

Para lidar com o luto, o tempo se torna um grande aliado, pois nada como o passar dos dias para que a dor da ausência daqueles que amamos se torne uma doce saudade. Afinal, mesmo que alguém vá embora para sempre, podemos sempre mantê-lo dentro de nós.

"A saudade eterniza a presença de quem se foi. Com o tempo esta dor se aquieta, se transforma em silêncio que espera pelos braços da vida um dia reencontrar."
Padre Fábio de Melo

FALANDO SOBRE O LUTO...

Pessoas que partiram, mas que seguem no meu coração.

PARA RECORDAR

Recordar os momentos vivenciados ao lado das pessoas que morreram pode trazer leveza e alento ao coração. Por isso, que tal lembrar e escrever sobre um momento feliz que você passou com uma pessoa que faleceu e que era muito querida para você? Fazendo isso, você sentirá seu coração se aquecer com cada lembrança.

Um momento para lembrar com

Um momento para lembrar com

Um momento para lembrar com

Um momento para lembrar com

Hoje eu estou...

☐ Feliz ☐ Triste ☐ Com raiva ☐ Com medo

Querido diário,

_____
_____
_____
_____
_____
_____
_____
_____
_____
_____

MEUS MOMENTOS

Dizem que a vida é feita de momentos e que eles carregam diferentes emoções. Então, que tal colar aqui registros de momentos marcantes e inesquecíveis para você?

GRANDES INSPIRAÇÕES

Há pessoas em nossas vidas que servem de grande inspiração para nós. Quais são as pessoas que inspiram você e por quê?

Essa pessoa me inspira porque

Essa pessoa me inspira porque

Essa pessoa me inspira porque

Essa pessoa me inspira porque

QUIZ DOS SENTIMENTOS

Sentimento mais presente no meu dia a dia:

- ☐ Felicidade
- ☐ Amor
- ☐ Tristeza
- ☐ Outro: _____

Sentimento que preciso aprender a controlar:

- ☐ Raiva
- ☐ Medo
- ☐ Inveja
- ☐ Outro: _____

Meu sentimento preferido é:

- ☐ Felicidade
- ☐ Amor
- ☐ Gratidão
- ☐ Outro: _____

Se eu tivesse um superpoder, seria:

- ☐ Espalhar alegria pelo mundo.
- ☐ Plantar a semente do amor em todos os corações.
- ☐ Ensinar a gentileza para todas as pessoas.
- ☐ Outro: _____

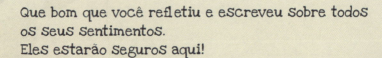

Que bom que você refletiu e escreveu sobre todos os seus sentimentos.
Eles estarão seguros aqui!